AF359070

RECHERCHES

SUR LES

PROPRIÉTÉS ÉLECTRIQUES

DU

COLLODION SIMPLE DESSÉCHÉ

SUIVIES DE

RÉFLEXIONS SUR LA NATURE DE L'ÉLECTRICITÉ STATIQUE

RECHERCHES

SUR LES

PROPRIÉTÉS ÉLECTRIQUES

DU

COLLODION SIMPLE DESSÉCHÉ

SUIVIES DE

RÉFLEXIONS

SUR LA

NATURE DE L'ÉLECTRICITÉ STATIQUE

Par le docteur **N.-Jules SEURE**

DE SAINT-GERMAIN EN LAYE

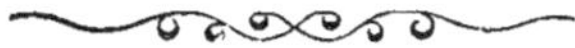

PARIS

A. COCCOZ, LIBRAIRE-EDITEUR

11, RUE DE L'ANCIENNE-COMÉDIE, 11

—

1880

SÉANCE DE L'ACADÉMIE DE MÉDECINE

Du 6 Juillet 1880

(Extrait du BULLETIN DE L'ACADÉMIE)

Le docteur GIRAUD-TEULON, membre de l'Académie (section de physique et chimie médicales), présente au nom du docteur J. Seure, de Saint-Germain en Laye, un mémoire manuscrit ayant pour titre :

Recherches sur les propriétés électriques du Collodion desséché, suivies de réflexions sur la nature de l'électricité statique.

Voici la note résumant la communication verbale faite par le docteur Giraud-Teulon à ce sujet :

Les propriétés électriques des lamelles de collodion desséché ont été dès longtemps signalées ; mais rien, dans la littérature scientifique française, ne nous fait penser que, sous le rapport de leur haut degré, elles aient été appréciées à leur valeur.

Les recherches de M. le docteur Seure le représentent

comme un corps éminemment électrique ; le moindre froissement l'électrise, un frottement un peu fort le rend lumineux. Il se montre négatif avec tous les corps, même avec le sulfure de cuivre, qui est cependant plus négatif que la pyroxyline, base du collodion.

Sa disposition en lamelles minces et diaphanes le rend très propre à des études curieuses sur le mécanisme même du dégagement de l'électricité statique. La transformation du mouvement en électricité est accompagnée d'altérations locales de la translucidité et de la couleur propre de ce corps ; elle est aussi accompagnée de phénomènes d'irisation mobiles accomplis dans son intérieur. La décomposition de lumière qui se manifeste en ces circonstances sur le porte-objet du microscope, se lie évidemment aux changements survenus dans l'équilibre intime des molécules et en démontre l'instabilité.

Des sensations tactiles ou de courant qui sont perçues très nettement par quelques-uns, moins ou pas du tout par d'autres, peuvent permettre de penser que la physiologie et même la pathologie (thérapeutique) peuvent y trouver plus d'une application.

Sous tous ces rapports, le travail de M. le docteur Seure nous a paru mériter l'attention de l'Académie.

AVANT-PROPOS

Le nombre des corps *Idio- Électriques* connus est assez grand pour qu'il paraisse puéril d'en faire connaître de nouveaux. Cependant, l'étude approfondie qui a été faite des phénomènes électriques les plus simples et les plus complexes, n'a pas encore appris la cause première de ces phénomènes. Les théories émises (Zimmer et Francklin) reposent sur des hypothèses, et, quoique répugnant à l'esprit du penseur, sont encore généralement admises, parce qu'elles ont expliqué d'une façon satisfaisante les faits connus, et en ont fait entrevoir d'autres que l'expérience a confirmés.

Néanmoins, les physiciens modernes s'accordent à reconnaître qu'on devra renoncer un jour à ces hypothèses. L'idée de fluide a beaucoup perdu de son crédit dans la science (Mascart); mais il faut avouer que les faits sont établis d'une manière si positive (Daguin), qu'il n'y aura rien à faire qu'une simple substitution de formule, lorsqu'on aura découvert la véritable cause des manifestations électriques.

Le champ des investigations reste donc ouvert, et je crois qu'il est bon que tout fait nouveau, même le plus simple en apparence, soit connu, afin que chacun puisse en contrôler l'exactitude, en rechercher les applications, et voir s'il rentre dans les lois ordinaires de la physique.

Le corps électrique dont j'ai étudié les propriétés, est le *collodion simple desséché*. Cette étude, quoique fort incomplète, rapprochée de celle d'autres phénomènes, que, dans mes recherches, j'ai observés sur la gutta-percha, le verre et les métaux, m'a suggéré une manière de voir qui aurait pu trouver place ici. Mais, avec les modestes notions que je possède, il eût été trop présomptueux de ma part de débuter par une théorie. Je me réserve donc de résumer mes réflexions dans un appendice, désirant, de cette façon, ne pas paraître vouloir leur attribuer plus d'importance qu'elles n'en ont.

J'arrive donc au sujet de cette étude. Les faits que je vais relater, et dont quelques-uns sont nouveaux, contribueront peut-être, une fois mieux étudiés, à élucider certaines questions, en faisant mieux connaître une substance, *idio-électrique par excellence*, pouvant devenir une source d'électricité, et qui, par sa transparence, sa consistance et son facile maniement, se prête aisément à l'observation et aux expériences.

Ainsi qu'on le verra, mes recherches avaient surtout un but médical, mais je n'ai pas voulu passer sous silence les expériences qui m'ont aidé à l'atteindre et les réflexions qu'elles m'ont inspirées.

Avant de terminer ce travail, j'ai voulu savoir si d'autres avaient traité la même question. Je vais résumer ici les recherches bibliographiques que j'ai faites à ce sujet.

Depuis l'introduction du collodion en thérapeutique, par Maynard de Boston (1848), cette substance, découverte en France (1846) par MM. Ménard et Delorme (communication de Baudin à l'Académie) n'a été étudiée que comme *substance adhésive, enduit isolant, compressif,* et comme *antiphlogistique direct.*

Dès son apparition cependant, M. Gaudin qui, avec M. Mialhe, avait donné la solution des principales difficultés de sa préparation, faisait connaître quelques-unes des propriétés physiques du nouveau corps, et *se bornait à dire,* d'après Malgaigne (*Union médicale,* 1848, p. 149), que la dessiccation du collodion donne des pellicules de papier transparent ou nacré selon son épaisseur *et jouit, à ce qu'il paraît, de propriétés éminemment électriques.*

J'ignore si M. Gaudin a fait cette communication à Malgaigne verbalement ou par écrit. M. Mialhe lui-même n'en a eu connaissance que par ce que Malgaigne a rapporté. (Lettre.)

La même année, M. Sourisseau, pharmacien à Kaiserberg, cherchant à utiliser le collodion pour la fabrication des capsules médicamenteuses, reconnaissait que les feuilles de collodion adhèrent au verre, et sont attirées par les corps qu'on leur présente (*Abeille médicale,* 1848, p. 244).

Depuis cette époque, il n'est plus fait mention des qualités électriques du collodion dans aucun des nombreux travaux publiés sur cette matière. Elles ne sont même pas rappelées par Guibert (*Histoire naturelle et médicale des nouveaux médicaments*, 1865), ni dans les thèses de Marcailhou d'Alméric (Strasbourg, 1867, nº 980) et de Tartenson (Paris, 1872), qui s'étendent, surtout la dernière, sur les détails historiques.

Rien non plus dans les mémoires du docteur Robert de Latour, dont le nom est intimement lié à l'histoire médicale du collodion. Il est vrai que cet éminent praticien n'a point étudié spécialement cette histoire. Ce produit n'a été pour lui qu'un nouveau moyen d'appliquer une méthode de traitement (*isolante*) mise déjà en usage par d'autres procédés thérapeutiques. Il s'est borné à en modifier la composition pour en faciliter l'emploi.

Je n'ai trouvé non plus aucune indication dans le *Dictionnaire de médecine et de chirurgie pratiques* (tome VIII, 1868. Collodion, par Sarrazin), ni dans le *Dictionnaire encyclopédique des sciences médicales* (tome XIX, Collodion, par Gillette).

J'ai consulté sans résultat les tables des *Annales de Physique et de Chimie*, les traités de *Physique générale et spéciale* (Daguin, Mascart, Jamin), les traités et les dictionnaires de *Chimie, de Pharmacie et de matière médicale* (Soubeiran, Wurtz, Bouchardat, Gubler), etc.

Je puis avoir commis quelque omission involontaire, aussi laisserai-je de côté toute question de priorité, d'autant plus que j'ai appris récemment que l'électrisation du collodion est connue des physiciens.

On est cependant en droit de s'étonner que des qualités idio-électriques, aussi accusées que celles que je vais signaler dans une substance aussi communément employée que le collodion, ne soient pas plus connues, ou du moins n'aient pas été décrites.

Pour ma part, je les ai observées pour la première fois dans les circonstances suivantes : j'étais occupé à décoller une couche de cet enduit que j'avais étendu sur mon abdomen, lorsque mon attention fut attirée par une légère sensation de fourmillement que j'éprouvais dans les doigts, en cherchant à en détacher les fragments de collodion qui y adhéraient d'une façon toute particulière. Ce fut là le point de départ de mes recherches.

PROPRIÉTÉS ÉLECTRIQUES

COLLODION SIMPLE

Sans vouloir mettre en cause la composition chimique du collodion (cette sorte de térébenthine artificielle), il me sera permis d'invoquer ici plusieurs traits de ressemblance physique avec les térébenthines. Comme elles, exposé à l'air libre, il se dédouble en deux substances, l'une *volatile*, l'autre *solide*. Cette dernière, la seule qui nous intéresse, possède quelques-unes des propriétés des résines. En effet, le collodion sec est non seulement *combustible*, mais il est encore *fusible* et doué d'un pouvoir *électrique* des plus remarquables.

Chacun sait la facilité avec laquelle brûle le collodion sec, et la déflagration qui accompagne cette combustion. Pour se rendre compte de sa fusibilité, on répétera l'expérience suivante : sur une des faces d'une plaque de cuivre assez mince ($0^m,001$), j'ai étendu successivement plusieurs couches de collodion, que j'ai laissé parfaitement sécher pendant quelques jours. J'ai exposé l'autre face de la plaque, maintenue à l'aide de longues pinces, à la flamme d'une lampe à alcool, en lui communiquant des mouvements de va-et-vient. J'ai vu bientôt le collodion se boursoufler, en une multitude d'endroits, sous forme de petites ampoules transparentes et brillantes ; puis, se produisit la *fusion*, à laquelle succédèrent rapidement l'*ébullition* et la *combustion*. En éloignant la lampe à temps, la combustion n'a pas lieu et l'ébullition s'arrête. On peut constater alors, qu'en certains points, le collodion a pris l'aspect d'une matière blanchâtre poreuse, très friable sous les doigts. Cette substance est probablement de la cellulose sous un état particulier de division, et déjà un peu déshydratée. Quant au résidu de la combustion, c'est un charbon très ténu et légèrement gras.

En expérimentant dans une atmosphère d'acide carbonique saturée de vapeur d'eau (dans le but d'empêcher l'ébullition et la combustion), l'ébullition se fait insensiblement, et il n'y a pas combustion. Le collodion subit alors une sorte de calcination, dont le produit a l'aspect d'amidon grillé ou de caramel. Quant aux vapeurs qui occupent la cloche à expérience, elles ont acquis une forte odeur empyreumatique.

Ces rapprochements établis, je vais aborder le sujet principal de cette étude. Sous le titre de *Propriétés électriques du Collodion simple*, je ferai successivement connaître les propriétés :

Du Collodion en feuilles,

Du Collodion sur verre,

Du Collodion sur métaux (cuivre principalement),

Du Collodion sur épiderme, tissus et membranes.

COLLODION EN FEUILLES

On se procurera des feuilles de collodion, soit en l'arrachant de la peau du corps après dessiccation, soit en le détachant de la surface de lames de verre ou de métal (cuivre-plomb). Les feuilles qui proviennent des métaux et du verre sont plus *minces*, plus *transparentes*, et se prêtent généralement mieux à la plupart des expériences.

Pour obtenir des feuilles sur verre, on étendra, en différentes fois, à l'aide d'un pinceau à vernir (1), plusieurs couches de collodion sur une plaque de verre, près d'un des bords de laquelle on aura préalablement collé la moitié d'une petite bande de fine mousseline. Les deux chefs de cette bande seront repliés et fixés en-dessous, et l'un de ses bords restera libre en dehors du verre. Après dessiccation complète, on détachera doucement la bande en la saisissant par son bord libre, et le collodion suivra (2).

1. Chaque fois qu'on se sera servi du pinceau, on devra le presser et l'essuyer immédiatement avec un linge sec ou un morceau de drap.

2. Il ne faut pas opérer dans un milieu à température élevée, car alors il arrive souvent que le collodion adhère mal, se rompt et ne fournit pas de belles feuilles.

On peut aussi se procurer de ces feuilles, en humectant avec de l'alcool une lame de verre collodionnée. Mais, dans ce cas, il faut faire sécher de nouveau le collodion.

En frottant énergiquement une surface de verre collodionnée avec une brosse de soie, on finit par enlever des lambeaux bien suffisants pour l'expérimentation.

Dès que l'on aura entre les mains quelques feuilles ou fragments de feuilles de collodion, on pourra répéter les expériences suivantes :

Le collodion, ainsi desséché en feuilles *très minces*, possède des propriétés électriques très curieuses. Ces propriétés sont rendues manifestes par le moindre froissement avec les doigts, ou par un frottement léger avec certains corps (tissus de laine, brosses de soie, balais de plume, etc.). et par le simple effet du décollement ou du déchirement.

Si donc l'on froisse entre les doigts de petites feuilles minces de collodion, elles y adhèrent intimement pour s'en détacher ensuite. Dans l'obscurité, ces feuilles deviennent lumineuses; les doigts qui les froissent éprouvent une légère sensation de fourmillement. Ces mêmes feuilles attirent avec force les corps légers; les pendules électriques (liège ou sureau) y adhèrent un certain temps pour s'en séparer ensuite. Elles attirent également l'aiguille dite électrique, armée ou non des boules de sureau, et neutralisent momentanément, par leur attraction, l'action du magnétisme terrestre sur l'aiguille aimantée.

Doucement frottées, ces feuilles adhèrent fortement aux corps unis sur lesquels on les applique (verre, porcelaine, marbre, métaux, bois, papier collé, cuir...) et semblent énergiquement attirées par eux. Si l'on vient à les soulever en partie et à les laisser échapper, elles s'appliquent de nouveau, avec la même force, sur les corps en présence.

J'ai dit que les tissus de laine électrisent parfaitement le collodion et lui conservent son électricité, mais la toile et les corps cellulaires, tels que l'éponge sèche, le papier buvard, etc., lui font perdre rapidement son état électrique. Comme certains cristaux (spath d'Islande), qui s'électrisent mieux par pression que par frottement, le collodion ne perd pas son état électrique au contact des corps métalliques bons conducteurs.

Les différents corps à l'aide desquels j'ai électrisé le collodion par frottement (tissus de laine, peau de chamois, brosses de soie, doigts, papier, métaux, lime, cire à cacheter, gutta-percha, plumes, soufre, etc.), n'ont jamais déterminé dans cette substance que des manifestations électriques de nature *négative* ou *résineuse*. Et, particularité à noter, deux fragments de collodion, frottés l'un contre l'autre, s'électrisent, se *repoussent*, et sont attirés *tous deux* et *selon leurs deux faces* par un bâton de résine électrisé lui-même *positivement* à l'aide d'une feuille de collodion (1).

1. Bergmann et Faraday ont constaté le même fait pour deux plumes d'oie ou deux bandes de flanelle frottées l'une contre l'autre. On explique ce phénomène par la disparition du fluide contraire avec les particules que le frottement détache des corps frottés. Mais dans le cas actuel, il est facile de reconnaître qu'aucune parcelle ne se détache des feuilles de collodion. Il suffit d'ailleurs de les passer une ou deux fois l'une sur l'autre pour les électriser toutes deux négativement.

Cependant, deux bandes de collodion superposées et immobilisées, dont on frotte seulement la supérieure par pression, prennent des états électriques contraires. Dans ce cas la feuille inférieure est électrisée par induction.

Un autre corps qui a des relations intimes avec le collodion, puisqu'il en est la base, le *coton poudre* ou *pyroxyline*, a toujours paru *négatif* à **M.** Hagenback (cité par Mascart), excepté toutefois avec le *sulfure de cuivre* qui est encore plus négatif.

Or, je me suis assuré qu'une feuille de collodion suspendue par les doigts et légèrement frottée avec du sulfure de cuivre pur et naturel (Chalcosine), ou avec du sulfure de cuivre artificiellement produit, est *encore négative* (1).

Le frottement avec les doigts, mais surtout avec la brosse de soie, produit encore un autre phénomène, qui, selon moi, n'est pas sans importance : dans ces conditions, le collodion prend un aspect ridé, plissé, pour ainsi dire *contracté*.

Notons aussi en passant, pour y revenir plus loin, que le collodion électrisé par le frottement *perd de sa transparence*, et acquiert une teinte laiteuse plus ou moins prononcée. Le professeur Trousseau avait déjà observé, sans pouvoir se l'expliquer, que le collodion appliqué sur l'épiderme, tantôt reste diaphane et tantôt se trouble (2).

1. La gutta-percha, qui est aussi négative avec elle-même et avec le sulfure de cuivre, est positive avec le collodion.

2. Trousseau et Pidoux. Traité de thérapeutique (8ᵉ édition, tome II, page 1028).

COLLODION SUR VERRE

Lorsqu'on a appliqué et laissé sécher complètement des couches de collodion sur une lame de verre, qu'on en décolle une portion, si on la laisse échapper, elle adhère de nouveau au verre (même résultat avec les plaques de cuivre). Ce phénomène ne se produit pas sur le bois très dur et très sec ; c'est celui qu'on doit employer, si l'on veut pouvoir en détacher les feuilles. Dans ce cas, il y a au contraire répulsion, le collodion se recroqueville en dessus. Il semble alors que la cellulose prend, sous l'influence du décollement, le même état électrique que le collodion.

Si l'on applique du collodion sur une face ou sur les deux faces d'une lame de *beau verre* (glace de 0,0025 à 0,003), si l'on frotte avec les doigts ou un balai de plumes la face collodionnée, elle attire les corps légers ; mais cette attraction est bien plus prononcée du côté de la face opposée, *collodionnée ou non*.

J'ai remarqué que cette attraction est plus énergique avec le verre collodionné qui a servi aux expériences depuis un certain temps. Après l'avoir frotté, les attractions sont encore plus fortes, si l'on continue simplement à donner de petits coups secs avec les doigts. En le chauffant légèrement, j'ai pu attirer ainsi de petits flocons de coton à une distance de douze à quinze centimètres. En agissant sur de petits bouts de fil de coton, on les voit se réunir à un moment donné et se tordre ensemble d'une façon fort curieuse (1).

Si le frottement a lieu dans l'obscurité, dès qu'il devient un peu rugueux, on obtient un véritable *carreau lumineux*. C'est alors que le collodion se rompt par endroits et adhère aux doigts par parcelles.

En recouvrant la surface extérieure d'un flacon de verre avec du collodion, en le frottant dans l'obscurité, on obtient facilement, avec les doigts, de petites étincelles, et ces étincelles occasionnent souvent une mince déchirure du collodion, généralement en forme de zigzag.

Comme précédemment, on remarque que le collodion, ainsi électrisé, se trouble irrégulièrement et prend une teinte laiteuse plus ou moins apparente. Pour rendre ce phénomène plus sensible, je me sers d'une glace étamée sur laquelle j'étends du collodion. Une fois desséché, ce

1. Si l'on place des insectes en éponge, imitant les myriapodes, sur la face libre d'une lame de verre ainsi collodionnée, on voit par un temps sec, en frottant le collodion avec les doigts, les insectes se mouvoir en différents sens, et suivre ou fuir les mouvements des doigts. On peut modifier cette expérience récréative en suspendant des insectes en éponge dans un cylindre de verre dont la surface extérieure est collodionnée. On a ainsi une variante de l'araignée électrique.

En plaçant sur la même lame de verre le seul anneau du corps d'un papillon qui porte les ailes, on voit par le frottement de la face collodionnée, cette portion de papillon exécuter des battements d'ailes et se mouvoir sur le verre.

collodion ternit bien un peu la glace, mais sans l'obscurcir; je le frotte alors avec une brosse de soie (à chapeau), et immédiatement la surface collodionnée perd presque complètement sa diaphanéité, et paraît envahie par un nuage blanc nacré, d'autant plus prononcé que la friction a été plus énergique.

A quelle cause rattacher ce trouble dans la transparence du collodion ?

J'ai recherché s'il n'était pas dû, sous l'influence du frottement, à l'absorption de l'eau du verre par la couche de collodion. On sait que le verre est très hygrométrique : or, c'est au moment de l'évaporation de l'éther du collodion que la face opposée du verre absorbe le plus d'humidité, par suite de la grande quantité de vapeur d'eau qui s'y condense à cause du refroidissement. C'est donc pendant sa dessiccation que le collodion devrait prendre la teinte blanchâtre, puisque c'est à ce moment que le verre est saturé d'humidité. Or, il n'en est rien.

D'autre part, sur une lame de verre encadrée, placée en face d'une fenêtre et laissée à demeure dans une pièce sèche et chaude, j'ai appliqué une feuille de collodion *libre* également bien séchée ; j'ai électrisé ce collodion par des frictions légères avec un petit balai de plumes fines, très douces et parfaitement sèches ; dans l'obscurité, j'ai obtenu des effets lumineux ; et au jour, en regardant, par transparence, du côté opposé au collodion, j'ai vu que cette feuille était envahie par les nuages blanchâtres déjà signalés, au fur et à mesure que je la frappais avec les plumes.

J'ai aussi fait sécher à l'étuve une lame de verre ; j'en ai collodionné une face et j'ai fait sécher de nouveau dans un courant d'air sec et chaud. Avant le refroidissement complet, j'ai frotté le collodion avec la brosse de soie et j'ai constaté qu'il prenait encore la teinte opaline.

Enfin, dans une autre circonstance où j'avais placé, dans un air chaud et sec, une grande plaque de cuivre récemment collodionnée, j'ai vu la feuille de collodion, qui était très mince, se soulever et se séparer presque complètement du cuivre, offrant alors une transparence parfaite. A peine ai-je eu froissé cette feuille entre les doigts, qu'elle a été complètement envahie par une teinte laiteuse persistante ; depuis, elle s'est toujours montrée d'une sensibilité électrique excessive, très supérieure à celle des feuilles recueillies dans d'autres conditions.

D'ailleurs, le collodion *très mince* sur métal est tellement sensible, que j'ai vu souvent la simple action du décollement l'électriser assez fortement et y faire naître la teinte opaline.

Il est donc permis de penser que ce trouble dans la diaphanéité, est dû à l'état électrique du collodion (1). On serait tenté de croire qu'il est formé par du fluide électrique condensé ; mais rien n'autorise cette hypothèse.

Il faut cependant reconnaître que, grâce à la transparence, le collodion nous laisse apercevoir là un phénomène

---

1. J'ai lavé à l'alcool, sur une lame de verre, des feuilles de collodion souvent électrisées dont la diaphanéité était troublée par de nombreuses taches opalines. J'ai fait sécher rapidement entre deux feuilles de papier buvard. Le résultat de ce lavage a été de rendre encore plus apparents les troubles de transparence et d'accroître l'état contracté du collodion.

nouveau qui mérite attention, et que je tenterai d'expliquer plus loin (1).

L'idée venait naturellement à l'esprit de soumettre le collodion à l'examen microscopique. Cet examen est facile et n'exige d'autre connaissance spéciale que celle du maniement du microscope.

Qu'on examine le collodion alors qu'il adhère encore au verre, où à l'état de feuille libre et vierge de tout frottement, on reconnaît en lui une substance amorphe, blanche, au milieu de laquelle on distingue de loin en loin de grosses bulles, quelques grains à peine marqués et des particules étrangères emprisonnées au moment de la dessication. La présence de ces corpuscules permet de mettre facilement le microscope au point.

Mais les conditions changent complètement quand il s'agit d'une feuille de collodion libre qui a été électrisée par frottement. L'examen est alors entouré de nombreuses difficultés inhérentes à la susceptibilité électrique de cette substance et à la nature des corps frottants, d'où la possibilité de commettre des erreurs et de se créer des illusions.

En effet, à peine frotté ou froissé, le collodion électrisé attire et fixe à sa surface des poussières de l'atmosphère et des parcelles détachées des corps frottants. De plus, les

---

1. Il arrivera parfois, surtout avec des feuilles épaisses, que les troubles de diaphanéité se montreront très tardivement; il se pourra aussi que d'autres phénomènes que j'ai signalés, se trouvent modifiés par le nombre de couches qui forment la feuille de collodion. — Le pouvoir électrique de cette substance paraît être, en effet, en rapport inverse de son épaisseur.

corps frottants, y compris les brosses de soie, les tissus de laine les plus moelleux et le collodion lui-même occasionnent, dans les couches superficielles de la feuille, des déchirures en forme de sillons ou d'îlots, plus ou moins étendues. Le mieux est de placer le collodion libre sur le porte-objet en verre et de passer plusieurs fois sur lui la pulpe d'un doigt bien propre et bien sec, préalablement lavé à l'alcool ; ou encore d'examiner des feuilles qui n'ont subi que le frottement entre les doigts et une plaque de cuivre bien lisse et bien propre.

Dans ces diverses circonstances, négligeant et mettant de côté toutes les imperfections étrangères à la substance observée, on voit constamment la surface du collodion prendre une teinte plus mate, sur laquelle se dessinent de nombreux grains à contours plus marqués, plus ou moins agglomérés et au milieu desquels sont parfois disséminés des petits traits foncés. (Je dis grains au lieu de granulations ou bulles, afin de ne rien préjuger.)

Dans certains cas où j'avais passé une seule fois légèrement le doigt sur le collodion, j'ai vu la surface de cette substance se couvrir tantôt de grains clairs disposés en lignes parallèles, sans sillons et sans déchirures, tantôt seulement de lignes droites et parallèles entre lesquelles les grains ne tardaient pas à paraître si je répétais le frottement.

J'insisterai surtout sur l'apparition d'un phénomène mobile très curieux. Pour bien s'en rendre compte, il faut faire usage d'une feuille très mince, formée seulement par l'application de deux à trois couches de collodion. On électrisera une parcelle de cette feuille en la frottant avec pression surtout, sur le porte-objet en verre, à l'aide de la pulpe du doigt. L'électricité développée fait alors adhérer intimement le collodion au verre. On pourra ensuite constater la présence de plusieurs groupes de *bandes concentriques*, à contours régulièrement ou irrégulièrement circulaires, formées chacune par les *couleurs spectrales* plusieurs fois répétées et juxtaposées.

Ces bandes coloriées sont parfois elliptiques, opposées par leur convexité, rarement presque droites. Elles disparaissent graduellement à mesure que le collodion perd son état électrique, et se fondent souvent les unes avec les autres en s'éteignant.

J'ai vu de ces feuilles minces de collodion adhérer plus de vingt-quatre heures au porte-objet en verre, et manifester encore énergiquement leur état électrique lorsqu'on les en séparait avec précaution. Dans ces cas, les colorations spectrales persistaient aussi longtemps que l'attraction.

La disparition des bandes coloriées sous le microscope s'observe plus facilement avec des feuilles un peu plus épaisses. Il est à noter, en effet, que plus les feuilles ont d'épaisseur, plus elles perdent vite leur état électrique.

Ce phénomène nouveau de décomposition de lumière me paraît dû à des changements de rapport survenus, sous l'influence du frottement, entre les divers éléments qui entrent dans la composition intime du collodion dont le pouvoir réfringent se trouve ainsi modifié (1).

L'importance qu'acquièrent ces diverses modifications

1. C'est aussi, par l'effet d'un état moléculaire particulier, que les nuages,

que j'ai décrites, par leur coïncidence avec l'état électrique, n'échappera à personne.

Enfin, les feuilles de collodion anciennes, souvent électrisées, laissent apercevoir, à leur surface, une véritable trame de substances étrangères, grisâtre ou noirâtre, au milieu de laquelle ou plutôt sous laquelle on distingue encore bien les grains, les rayures et les sillons.

En regard du collodion, je citerai la gutta-percha, qui, comme on sait, en feuilles minces, s'électrise aussi très facilement. Le frottement et la chaleur modérée, en électrisant cette substance, y déterminent des modifications de forme (rétraction) et d'aspect (teinte blanchâtre troublant la semi-transparence), analogues à celles que j'ai constatées sur le collodion. On s'en rend compte en plaçant une belle feuille de gutta sur une grande lame de verre en face du jour, et en la frappant énergiquement avec un balai de plumes fines, ou encore en frottant deux feuilles de gutta l'une sur l'autre.

Ce phénomène se produit sous une autre forme, dans certains autres corps favorables à l'observation. Je ne parlerai ici que de l'étain, qui, en feuilles très minces, laminées et non battues, se trouve très légèrement électrisé par le frottement sur verre, avec la brosse de soie, et prend, surtout à la lumière, un aspect mat, comme nuageux, auquel se mêlent d'autres reflets. Si on l'électrise par induction, on observe aussi des taches opalines sur la surface métallique.

sur le point de se résoudre en eau, donnent lieu à un phénomène de décomposition de lumière bien connu, l'arc-en-ciel.

COLLODION SUR MÉTAUX

J'ai expérimenté le collodion sur des plaques de cuivre nettoyées, mais non polies, et sur des feuilles de plomb également nettoyées au blanc.

Le collodion adhère intimement à la lame de cuivre ; desséché, il est d'une transparence parfaite. Le frottement n'y détermine que des phénomènes d'attraction insignifiants et à peine appréciables. Ainsi frotté, il ne prend pas la teinte blanchâtre signalée plus haut, et ne devient pas lumineux dans l'obscurité.

Autrement dit, le collodion sur métal ne garde pas l'électricité que le frottement lui communique.

Si l'on détache avec soin ce collodion après l'avoir frotté, on voit qu'il a conservé sa transparence (1) ; et du moment qu'il n'est plus en contact (d'adhérence) avec le métal, le frottement rend sensibles les propriétés élec-

---

1. Il arrive souvent, cependant, que la simple action du décollement électrise le collodion, qui se trouve immédiatement envahi par la teinte opaline, surtout si la feuille n'est formée que par une ou deux couches de l'enduit adhésif, c'est-à-dire si elle est très mince. En général, le collodion sur métal m'a paru encore plus sensible que le collodion sur verre.

triques et les modifications que nous connaissons déjà.

D'après cela, il était à présumer que le collodion, quoique corps éminemment électrique, ne se prêterait pas à la construction d'un électrophore. J'ai échoué, en effet, dans cette tentative en agissant d'après les principes ordinaires. J'ai pris successivement des plateaux de métal et de bois sur lesquels j'ai étendu du collodion. Après l'avoir frotté avec une brosse de soie, ou avec les doigts, et l'avoir recouvert du plateau d'étain isolé (1), je n'ai pu obtenir d'étincelle de ce dernier préalablement mis en communication avec le sol, puis séparé de l'autre plateau.

Mais j'ai réussi, en substituant au plateau métallique inférieur de l'électrophore un plateau de beau verre (2) collodionné. L'appareil ainsi construit donne des étincelles. Ce fait s'explique par la faible épaisseur du collodion, qui a pour ainsi dire besoin d'être doublé d'un corps isolant ou condensateur, sur lequel il puisse accumuler l'électricité par induction.

Si, dans l'expérience précédente, on change les rapports des surfaces, on obtient des phénomènes que la décomposition par influence explique également très bien.

Je prends une lame de glace collodionnée d'un côté seulement (de 0,20 cent. carrés et de $0^m,0025$ d'épaisseur). Je place sur la face opposée un mince plateau de

---

1. Le plateau d'étain dont je me sers est tout simplement formé d'un disque mince en sapin, recouvert d'une feuille d'étain pliée en plusieurs doubles, et muni d'un manche de verre.

2. Glace de $0^m,0025$ à $0^m,003$ d'épaisseur.

sapin de $0^m,16$ de diamètre, recouvert d'une feuille d'étain plusieurs fois repliée sur elle-même. Je présente un instant le verre à la chaleur, puis je frotte le collodion, dans l'obscurité, avec les doigts de la main droite, ou avec un balai de plumes de couleur. Je maintiens la lame de verre avec la main gauche, en ayant soin que le pouce soit en dessus et touche presque la circonférence du disque d'étain. J'obtiens ainsi, entre le pouce et le disque, une série de petites étincelles, sans avoir pris aucune des précautions nécessaires au fonctionnement de l'électrophore ordinaire. Ces étincelles sont plus distinctes, plus fortes et plus nombreuses, si, après en avoir obtenu par le frottement, on se contente de frapper des coups secs avec les doigts, ou avec toute la main sur la face collodionnée. Dans ce cas, le nombre et la force des étincelles paraissent être en rapport direct avec le nombre et la violence des chocs. Chaque coup frappé sur le verre se traduit par une étincelle allant de l'étain au pouce. Ce serait là, au besoin, une nouvelle démonstration matérielle de la transformation de la force : d'un côté du verre, le choc ; de l'autre côté, l'étincelle.

Cet appareil, légèrement modifié, constitue par le fait un véritable *Electrogène condensateur*. Il peut fournir un moyen très simple et très commode de soumettre une partie malade (rhumatisme musculaire, névralgie, paralysies hystérisques, etc.,) à l'action thérapeutique de l'électricité statique que l'on a ainsi continuellement sous la main.

Pour remplir ce but, je prends, comme d'habitude, une

lame de beau verre (glace de $0^m,25$ de long, sur $0^m,17$ de large et $0^m,0025$ d'épaisseur), maintenue dans un cadre plat en caoutchouc durci ou en bois, et muni lui-même, sur un de ses grands côtés, d'un manche, comme certains miroirs à main. L'une des faces du verre sur laquelle j'ai préalablement fixé quelques traces de cire à cacheter, est collodionnée à plusieurs reprises. L'autre face est en rapport avec un plateau d'étain moins grand qu'elle, constitué par une feuille laminée assez mince, repliée plusieurs fois sur elle-même et appliquée sur une planchette de bois de sapin de $0^m,003$ d'épaisseur, dont elle recouvre la face inférieure, les bords et un quart de la face supérieure. Au centre libre de cette même planchette, est fixé un cube de bois de même essence, de huit centimètres carrés de surface et de $0^m,02$ d'épaisseur, que l'on peut recouvrir à volonté d'une calotte d'étain ou de tout autre métal retenue par un point d'arrêt. Les diverses parties de l'appareil sont maintenues, rapprochées à l'aide de deux bracelets en caoutchouc. Entre le verre et le plateau métallique, on interpose, si l'on veut, un morceau de canevas. Je chauffe légèrement la lame de verre, puis, frappant rapidement la face collodionnée avec un petit balai de plumes bien séchées, j'accumule sur l'étain, par l'intermédiaire du verre, de l'électricité que je puis, soit soustraire subitement, sous forme d'étincelle, en approchant le doigt, soit faire écouler insensiblement par contact immédiat de l'étain de la plaquette saillante, avec telle ou telle partie du corps. J'ai ainsi une production d'électricité presque continue, qui commence et finit avec les frottements.

Quoique continue, cette production est relativement faible, mais c'est là précisément une condition dont il faut tenir compte et qu'on devra quelquefois rechercher.

Avec ce petit appareil, on pourra en outre soumettre une partie du tégument non seulement à l'action de contact d'une plaque métallique voulue, mais encore à la double action résultant et de ce contact et d'une application de métal chargé lui-même d'électricité. Diverses circonstances qui me tiennent éloigné de ma clientèle depuis plus de trois ans, ne m'ont pas permis d'entreprendre, à ce sujet, des expériences concluantes.

A ce propos, je rappellerai que les résultats obtenus par le professeur Charcot, dans l'application de la méthode métallothérapique de Burq, sont attribués par beaucoup d'expérimentateurs au développement de très faibles courants électriques, qui ne se manifesteraient que si les métaux employés ne sont pas purs.

Tout dernièrement encore, le professeur Vulpian publiait les résultats très curieux qu'il a obtenus dans des cas d'hémianesthésie et d'hémiplégie récentes de diverses natures, sous l'influence de la faradisation cutanée, portant sur un point limité du tégument.

L'électricité statique, à dose faible et continue, ne pourrait-elle pas, dans ces cas, agir dans le même sens que l'électricité dynamique ?

Dans leur traité d'électricité médicale, les docteurs Onimus et Legros disent qu'il est possible d'obtenir, avec des bouteilles de Leyde, les mêmes actions physiologiques, qu'avec les appareils d'induction. Mais il faudrait pour cela des bouteilles qui se déchargeraient et se rechargeraient plus ou moins rapidement. Or, l'électrogène condensateur que j'ai décrit remplit ces conditions, et les faibles doses d'électricité qu'il fournit, en raison de ses petites dimensions, ont cependant la forte tension qui caractérise toute électricité statique (1).

Cet appareil ainsi chargé m'a fourni quelquefois des étincelles qui m'ont retenti désagréablement dans l'avant-bras. On les rend d'ailleurs plus fortes, en interposant entre le verre et l'étain, soit un troisième bracelet de caoutchouc, soit un morceau de soie un peu forte, percée à jour comme le linge à pansement, soit encore un morceau de canevas. Pendant le frottement, des lueurs s'échappent en tous sens de la lame de verre et du collodion. Il m'est arrivé, après un long usage, de trouver, dans le voisinage de la circonférence du disque métallique, des taches d'oxyde noir d'étain solidement fixées sur le verre, ce qui dénote déjà une certaine puissance de l'électricité développée.

J'ai voulu aussi me rendre compte du pouvoir d'expan-

1. Dans le résumé de ses leçons d'électrothérapie faites à l'école pratique, le Dr Onimus revient plus longuement que dans son principal ouvrage sur cette question d'électricité statique, mais c'est surtout pour combattre certaines pratiques empiriques où l'*action imaginative* est tout. Il fait une réserve en faveur de la bouteille de Leyde qui, dans certains cas, serait préférable aux appareils induits ordinaires, en évitant des interruptions trop nombreuses et par conséquent des excitations trop irritantes et trop fatigantes.

Le Dr Onimus ajoute que lorsqu'on voudra obtenir une stimulation superficielle, on pourra employer avec avantage l'électricité statique obtenue au moyen d'un simple électrophore en caoutchouc durci muni d'une plaque d'étain. Ce serait, selon lui, le seul moyen utile et pratique d'appliquer l'électricité statique.

sion, ou mieux de pénétration de l'électricité accumulée sur l'étain. Dans ce but, j'ai cloué, sur la face supérieure du plateau de sapin, un cube de bois de sapin de $0^m,03$ de haut, sur $0^m,08$ de large, et collodionné sur ses faces latérales seulement. En opérant comme ci-dessus, j'ai tiré de la face supérieure de ce cube de sapin, des étincelles assez fortes, différant complètement, par leur forme divergente et leur bruit crépitant, des étincelles coniques que donne l'étain et qu'accompagne un petit éclat sec. Sur le cube de bois, j'ai superposé un petit plateau en jonc, une lame de verre collodionnée des deux côtés, trois feuilles de papier anglais et une feuille d'étain pliée en trois ou quatre doubles. J'ai encore pu tirer une étincelle très sensible de l'étain qui terminait cette espèce de pyramide disparate.

Dans ces diverses circonstances, on voit que le collodion est une source d'électricité que l'on pourra peut-être utiliser autrement (1).

Là ne se bornent pas les observations que j'ai faites sur l'action du collodion en rapport médiat ou immédiat avec une lame métallique. J'ai cherché à voir si cette électricité naissante n'avait pas quelque autre action sur le métal lui-même qu'elle influence. J'ai choisi pour mes expériences le cuivre et le plomb, parce que, d'après les recherches de Van Marum, ils occupent les deux extrêmes de la série métallique au point de vue de la résistance offerte au pas-

---

1. Comme pour tous les autres générateurs d'électricité statique, il faut avoir soin, si l'atmosphère est humide, de chauffer modérément l'appareil.

sage de l'électricité : le cuivre ayant la résistance *minima* et le plomb, la résistance *maxima*.

Comme précédemment, j'ai pris une lame de cuivre jaune, non poli, de $0^m,001$ d'épaisseur; je l'ai *grossièrement nettoyée*, de manière à altérer le moins possible son aspect mamelonné, et à laisser persister de petits îlots brunâtres; j'ai collodionné à plusieurs reprises une des faces; je l'ai frottée avec les doigts, légèrement, puis énergiquement (par pression surtout), et j'ai examiné attentivement la face opposée, en me plaçant sous un jour favorable et en évitant autant que possible le miroitement. J'ai constaté que cette face (qu'on peut considérer comme une surface de section) subit des *changements d'aspect* évidents. Elle devient comme vitreuse en certains points; des teintes jaune-rouge partielles en modifient la couleur. Les parties claires et les saillies sont plus prononcées (1). Les imperfections, rayures, mamelons, dépressions, taches, etc. s'accentuent davantage et de *nouvelles lignes* superficielles, plus ou moins régulières, plus ou moins foncées, se dessinent, tantôt dans un sens, tantôt dans un autre, paraissant en rapport avec la direction du frottement. De plus, la surface libre de la plaque semble être tourmentée par des mouvements d'ondulation. Si cette surface a été aussi collodionnée, le mouvement en question fait soulever et rompre, en différents endroits, le collodion qui la recouvre.

Ces phénomènes sont bien plus prononcés si, au lieu de

1. Le cuivre poli ou trop bien nettoyé se prête mal à ces expériences. Celui qui m'a servi avait séjourné longtemps dans les magasins et présentait une surface altérée par de nombreuses taches d'oxydation déjà ancienne.

collodionner une des faces de la lame de cuivre, on se contente de la frotter avec la pulpe des doigts armée d'une *feuille libre* de collodion provenant de l'épiderme. Ces feuilles, détachées de la peau, résistent mieux au frottement et ne se laissent pas aussi facilement déchirer que les autres.

Dans un cas où j'observais une surface de cuivre précédemment noircie par la combustion du collodion et ma nettoyée, j'ai pu voir, en électrisant l'autre face par frictions à l'aide d'une feuille de collodion, des petits points scintillants au milieu des parties restées noirâtres. Ces petits points disparaissaient quand les frictions cessaient.

Dans les mêmes conditions, des feuilles de plomb, nettoyées au blanc et rayées le moins possible, permettent d'observer des modifications d'aspect analogues. Les teintes varient et font croire parfois qu'un fluide visible parcourt la lame métallique. Dans certaines circonstances qu'il ne m'a pas été donné de reproduire à volonté, j'ai observé, par endroits, une sorte de moiré métallique.

Pour bien voir ces changements d'aspect, il faut recommencer plusieurs fois les mêmes expériences, avec des lames différentes, non polies; examiner bien attentivement la surface en observation, dans différentes positions, au jour et à la lumière, augmenter ou diminuer l'énergie des frictions, et se servir alternativement de feuilles de collodion de diverses provenances (1).

---

1. Le simple frottement avec la pulpe des doigts bien secs a paru produire quelquefois des effets semblables mais beaucoup moins prononcés.

Ces modifications d'aspect sont encore plus manifestes dans l'expérience suivante : je prends une lame de beau verre collodionné d'un côté ; sur l'autre face, je place une feuille *simple* d'étain laminé, de la résistance d'un papier à dessin, moins grande que le verre, parfaitement *unie* et maintenue par deux bracelets de caoutchouc; j'électrise la face collodionnée avec le balai de plumes, et je vois la lame d'étain non seulement changer de teinte, mais encore se mamelonner dans son ensemble et subir sur ses bords des plissements ou petites ondulations qui indiquent que le métal est soumis à l'action d'une nouvelle force.

Si la feuille d'étain est trop mince, elle adhère si intimement au verre que ces variations de forme ne sont plus appréciables.

En répétant l'expérience avec une feuille d'étain d'un mètre de long sur dix centimètres de large, reposant sur une lame de verre plus longue et collodionnée d'un côté, je me suis assuré que les phénomènes en question ne donnent lieu qu'à un raccourcissement très minime de la feuille métallique.

Je n'insiste pas davantage aujourd'hui sur ces phénomènes, me proposant d'apprécier, d'une manière plus générale, ces modifications apparentes de l'état moléculaire des corps sous l'influence de l'électricité statique.

COLLODION SUR ÉPIDERME, TISSUS

ET MEMBRANES

Le collodion, appliqué sur l'épiderme de l'homme, présente, par sa dessiccation, des caractères objectifs différents de ceux des feuilles recueillies sur verre ou métal. Il y a là des phénomènes de rétraction très curieux, que permet sans doute l'élasticité de la peau, mais qui doivent avoir encore d'autres causes. Cette rétraction donne lieu, en général, à la formation de petits centres lisses entourés de zones rayonnées. Le collodion pénètre dans tous les interstices de l'épiderme et y adhère si intimement qu'il paraît faire corps avec lui. Dans ce cas, la rétraction du collodion, au moment de sa dessiccation, occasionne une espèce de concentration moléculaire ou feutrage, qui fait que l'on obtient, avec les mêmes quantités, des feuilles plus épaisses et plus résistantes que sur les lames de verre ou de métal.

Si l'on applique une couche de collodion un peu épaisse sur la partie antérieure de l'avant-bras et qu'une heure après on le frotte avec la main, une brosse de soie ou un tissu de laine, on voit que la rétraction augmente et que la diaphanéité se trouble un peu. Tant que le collodion adhère intimement à l'épiderme, le frottement ne fait éprouver aucune sensation appréciable.

Si l'on arrache des lambeaux de ce collodion, au moment où on les détache, il se rétracte encore, manifeste énergiquement ses propriétés électriques, et perd encore de sa transparence.

On obtient avec ces feuilles les mêmes phénomènes électriques que précédemment. En outre, ce collodion, détaché, froissé dans les doigts ou frotté avec une brosse de soie, entre dans une sorte d'état érectile, il devient plus dur, plus brillant ; ses plissements sont plus prononcés... Ces modifications sont d'autant plus manifestes qu'il s'est formé, par la dessiccation, plus de centres à contours rayonnés, c'est-à-dire que la peau de la région où on l'a appliqué, a offert plus de résistance à la rétraction (1) et s'est trouvée plus chaude et plus sèche.

C'est surtout immédiatement après qu'on vient de les détacher de l'épiderme que ces feuilles acquièrent par le frottement un état électrique très prononcé.

Si l'on prend un de ces lambeaux de collodion ou mieux une portion de feuille mince obtenue sur verre ou métal ; si, après l'avoir froissée on l'applique sur la partie inférieure et antérieure de l'avant-bras et si on la frotte alors légèrement soit avec les doigts, soit avec une brosse de soie, on éprouve (2) une sensation de fourmillement et par-

---

1. Le collodion détaché des régions où la peau est lâche n'a guère de pouvoir électrique.

2. Les femmes et les enfants surtout.

fois de légers picotements qui peuvent même devenir désagréables chez certaines personnes. Si l'on cesse ce frottement en se contentant de le renouveler à peine quand la feuille tend à s'éloigner de la peau, pour l'y réappliquer, et qu'on exécute des mouvements de flexion et d'extension des doigts, les sensations éprouvées au-dessus du poignet se propagent aux doigts et leur donnent le sentiment du passage d'un léger courant d'induction (1).

Ces sensations sont probablement dues au frottement des cordes tendineuses, superficielles en ce point, avec la feuille de collodion et à l'action inductrice de cette feuille sur la couche muqueuse où s'épanouissent les filets nerveux sensitifs.

Mais pourquoi le collodion ne produit-il pas ces effets tant qu'il adhère intimement à l'épiderme ? Il est aussi probable que dans ce cas, comme pour les métaux, l'absence de couche d'air interposé ne permettant pas la condensation du fluide, l'électricité pénètre directement, se propage dans les tissus au lieu d'exercer sur eux l'influence médiate qui, dans l'autre cas, impressionne d'une manière spéciale les papilles nerveuses, d'où l'absence de sensations.

Sans dénier au collodion le rôle d'enduit isolant, imperméable, compressif, etc... il est raisonnable d'admettre, d'après tout ce qui précède, que les propriétés électriques de ce corps ne sont pas étrangères aux résultats obtenus

1. Ces phénomènes m'ont paru n'avoir aucune action sur le galvanomètre ordinaire. On sait d'ailleurs que, jusqu'à présent, l'électricité statique, quelque grande que soit sa tension, a été impuissante à dévier l'aiguille aimantée.

dans les diverses applications thérapeutiques qui en ont été faites. C'était d'abord le principal but de mes recherches.

Le collodion peut donc être considéré, au point de vue de son pouvoir électrique, comme un *modificateur* local des actes physiologiques et pathologiques qui se passent dans les tissus et organes sous-jacents.

D'autre part, la connaissance de ce pouvoir électrique du collodion et des conditions plus ou moins favorables à son développement (application sur parties plus ou moins élastiques, plus ou moins chaudes et sèches, plus ou moins exposées au frottement des vêtements ; la nature de ces vêtements : la laine l'électrisant bien, tandis que le contact de la toile lui fait perdre presque instantanément son électricité, etc.), cette connaissance, dis-je, permet d'expliquer, surtout par la variété des tissus en contact, la diversité d'action du collodion, et la divergence d'opinion des nombreux médecins qui l'ont expérimenté comme agent thérapeutique.

Parmi tous les tissus, ce sont les étoffes de soie qui acceptent le mieux le collodion. Il faut avoir soin de soumettre le morceau à collodionner à une extension forcée sur une lame de verre. On obtient ainsi un véritable *tissu électrique*, très sensible, dont on pourra varier les applications, et qui peut, au besoin, remplacer la lame de verre collodionnée de l'électrogène condensateur. Ce tissu a l'avantage de résister aux frottements et de ne pas devenir adhérent sous l'influence de la chaleur et de l'humidité (1).

1. Il serait peut-être intéressant d'essayer aussi les effets des feuilles

Dans l'industrie, on a déjà appliqué le collodion sur les soies légères pour leur donner plus de résistance et de lustre. Mais, dans cette opération, on mélange à l'enduit une grande proportion d'huile qui doit lui enlever ses propriétés électriques.

D'ailleurs, il est facile de constater, d'une manière générale, que le collodion possède un pouvoir électrique d'autant plus prononcé, qu'il n'a pas subi de mélange, qu'il s'est desséché sur une surface qui a offert plus de résistance à la rétraction, et que cette dessiccation s'est faite plus rapidement, c'est-à-dire dans un milieu plus sec. Certaines membranes font cependant exception.

La baudruche collodionnée n'a aucune propriété électrique, mais il y a probablement là, outre la grande laxité, d'autres raisons inhérentes à la nature de la membrane, car si on la place dans des conditions analogues à celles de l'épiderme, une fois collodionnée, elle ne donne, par le frottement, aucun signe d'électrisation. Je m'en suis assuré, en introduisant, à frottement doux, un flacon cylindrique rempli d'eau à 37°, dans un manchon de baudruche rendue dès lors bien moins rétractile par l'extension modérée qu'elle subit. Le collodion appliqué sur cette baudruche se dessèche sans offrir aucun des caractères

de collodion dans les cas d'hémianesthésie nerveuse, etc.. en les maintenant en contact de frottement avec les bras ou diverses parties du corps, après les avoir fixées par quelques points de couture à la face interne de gilets ou de caleçons de laine un peu larges ; ou mieux encore en confectionnant des manches et des jambières avec une étoffe de soie un peu forte, préalablement collodionnée. Comme je l'ai dit, on a ainsi un tissu doué de propriétés électriques très marquées et qui pourrait rendre des services.

observés sur l'épiderme et n'est pas influencé par le frottement.

J'ajouterai enfin, que le mélange d'huile de ricin, de térébenthine, de glycérine..., ainsi que l'humidité, affaiblissent le pouvoir électrique du collodion. J'ai constaté aussi que l'addition de certaines substances pulvérulentes, comme la magnésie, la limaille de fer, le soufre, le camphre, etc., font perdre au collodion ses caractères de dessiccation et ses propriétés électriques. La limaille de liège les atténue seulement. On les augmente, au contraire, en collodionnant une surface de verre sur laquelle, préalablement chauffée, on a fixé quelques traces de cire à cacheter. Il se produit alors un état un peu rugueux très favorable à l'électrisation par frottement. Mélangé avec de la résine de mastic qu'il dissout, le collodion devien opaque et conserve, en se desséchant, son pouvoir électrique.

APPENDICE

RÉFLEXIONS SUR LA NATURE DE L'ÉLECTRICITÉ

STATIQUE

Sous ce titre, je serai plus à l'aise pour développer certaines réflexions que mes recherches m'ont suggérées sur la nature de l'électricité statique. Avant de faire connaître ces réflexions, je rappellerai quelques notions de *physique biologique* extraites de l'ouvrage du professeur Gavarret, et quelques autres considérations générales sur lesquelles je m'appuierai.

La multiplicité des phénomènes physiques que nous observons tous les jours, avait fait admettre la multiplicité des causes. De nos jours, le raisonnement aidé de l'expérience a conduit les physiciens à admettre que toutes les causes ne sont elles-mêmes que les agents d'un même principe, *la force*.

« Dès lors, le mot *force* s'applique également à une force vive, au mouvement, à la chaleur..., tous les agents de la nature, gravitation, cohésion, affinité, chaleur, électricité... peuvent se substituer l'un à l'autre, se transformer l'un dans l'autre par voie d'équivalence. Tous ces phénomènes, si divers en apparence, doivent être considérés comme de simples modalités dynamiques. Ce sont autant de formes sous lesquelles le principe dynamique peut se manifester... ; toutes les fois qu'une modalité disparaît, elle est remplacée par une autre modalité d'intensité équivalente... »

Puis, étendant à la force la formule que Lavoisier appliquait à la matière, le professeur Gavarret ajoute : « Rien ne se crée, rien ne se perd. »

Mais, ce grand principe dynamique ne subirait aucune modification et resterait impuissant, s'il ne rencontrait la *matière* qui lui sert pour ainsi dire de réceptacle, ou de lieu de transition et de transformation.

Virtus sine substantia subsistere non potest, a dit Newton.

L'eau transforme la chaleur en force et mouvement, en subissant elle-même un changement d'état (vapeur) dû à la quantité de chaleur accumulée (moteurs à vapeur). Le mouvement des roues d'une machine à vapeur peut, si le frottement devient dur, reproduire sur l'essieu une partie de la chaleur employée à produire ce mouvement, etc.

Les plaques d'un navire blindé s'échauffent jusqu'au rouge sous l'action du choc des boulets, transformant ainsi la force ou mouvement en chaleur, etc.

Si donc la force a besoin de rencontrer la matière pour devenir effective, de son côté la matière ne peut exister sans la force ; ce sont ces corrélations intimes qui ont déterminé certains physiciens à confondre ces deux principes en un seul (Kant).

La matière a donc aussi ses activités propres, que nous traduisons par les mots cohésion, état moléculaire, etc.

Toutes les théories émises sur ces forces actives de la matière (1), composant les corps inorganisés, mouvement vibratoire, etc., impliquent l'idée de vides intérieurs entre les molécules et, avec eux, celle de *force attractive* empêchant les molécules de se disperser, et de *force répulsive*, les empêchant de se rapprocher indéfiniment (Berthelot).

Ces forces, tout en permettant aux molécules de vibrer avec ou dans l'éther intermédiaire, les immobilisent dans leur sphère d'activité, en les forçant à conserver leurs positions relatives (Wurtz).

Les molécules sont donc soumises à deux forces, qui, étant en proportions déterminées pour chaque corps, à l'état normal, en constituent pour ainsi dire l'état moléculaire propre.

Chacune de ces forces est considérée comme étant en état de répulsion avec elle-même, et en état d'attraction avec l'autre ; il y a entre elles grande affinité.

Pouvons-nous entrevoir la nature de ces forces? Il est très probable qu'elles ne sont que de la *chaleur* transformée, modifiée.

La chaleur est le plus puissant agent dynamique (peut-être l'unique) de la nature. Sans elle, les êtres et les corps

---

1. Ici le mot matière s'applique non seulement aux substances qui n'ont pas le caractère de l'organisation, qui ne sont pas douées de vie, mais encore aux substances de nature ou provenance organique dépourvues elles-mêmes de toute organisation.

organisés ne pourraient vivre. Elle engendre le mouvement
et le mouvement la reproduit. Mais il y a toujours des
pertes subies dans ces transformations continuelles, et il
est bien évident que quand, par suite de ces déperditions
répétées, la chaleur sera devenue insuffisante, tout mouvement cessera, l'univers restera dans l'inaction. La chaleur est donc la vie universelle.

Le mouvement vibratoire qu'exécutent les molécules
des corps inorganisés, ne fait pas exception à cette loi
générale, et les forces qui réglementent et constituent
avec lui la *vie* ou *activité* de la matière, sont également
de la chaleur transformée (1). De sorte que la chaleur et le
mouvement seront aussi les causes ordinaires qui, selon
leur énergie, troubleront ou modifieront l'équilibre moléculaire des corps, en changeant ou détruisant les rapports
ou proportions des deux forces.

Pour ce qui est de la chaleur, ses différents modes
d'action sur un même corps, le *soufre*, par exemple,
viennent à l'appui de cette manière de voir.

La chaleur de la main occasionne la rupture d'un bâton
de soufre, après y avoir déterminé des crépitements particuliers.

Une chaleur de 120° fond le soufre et lui donne l'aspect
d'huile très fluide.

A 180° le soufre se rapproche de l'état solide et devient
très visqueux (soufre dur amorphe).

1. C'est à peu de chose près, la théorie de Laplace qui admet, dans
l'interstice des molécules, l'existence d'une atmosphère d'un fluide im-
pondérable, le *Calorique*, qui agirait, par attraction, sur la matière pondérable et par répulsion sur lui-même.

A 300°, il redevient très fluide.

A partir de 440°, il se volatilise, et sous l'état de vapeur, il présente encore des densités variables, mais non proportionnelles à la quantité de chaleur développée.

Solidifié par évaporation du sulfure de carbone qui le tient en dissolution — par refroidissement graduel, ou par refroidissement brusque après fusion à 120° — par refroidissement brusque dans l'eau froide, au moment de l'état visqueux (180°), — le soufre, par ces différents modes de soustraction de chaleur, cristallise différemment ou prend des dispositions moléculaires diverses. Mais, c'est toujours le même corps simple; car après un certain temps, le soufre revient à un seul et même état, qui caractérise son équilibre moléculaire propre, et reprend ainsi les proportions de forces vives déterminées, en rapport avec la *forme normale* que nous lui connaissons.

A la température ordinaire, le soufre se présente donc à nous sous cette forme normale. De 34 à 36°, chaleur de la main, il y a déjà trouble moléculaire. Le rapport des forces actives est modifié, d'où, crépitements et rupture.

A 120°, point de fusion, la force de répulsion l'emporte sur la force d'attraction et les molécules peuvent envahir l'aire des molécules voisines, d'où l'état liquide.

A 180°, état visqueux, les deux forces primitives retrouvent presque leurs proportions, ce qui tend à rétablir leur équilibre initial, d'où l'état visqueux se rapprochant de l'état solide.

Enfin au delà de 200°, la force répulsive, continue à développer toute sa puissance jusqu'à la volatilisation.

On voit, par cet exemple, l'importante influence de la chaleur sur les forces moléculaires, influence tellement puissante qu'on ne peut séparer l'action de cette force de celle des deux autres.

Mais comment la matière peut-elle partager la force chaleur? Cette force est-elle complexe et n'est-elle même que le produit de deux autres facteurs à l'égard desquels les molécules, placées dans certaines conditions, jouiraient d'une propriété dialytique spéciale? La chaleur serait dès lors l'élément nécessaire à la constitution et à l'activité de la matière. J'incline vers cette manière de voir, qui se rapproche aussi de la théorie de Laplace.

Voyons maintenant les effets du mouvement. Si au lieu de chauffer un bâton de soufre, on le frotte avec une étoffe de laine, ou si on le bat avec un balai de plumes, il crépite encore, et de plus acquiert la propriété *d'attirer* les corps légers, il se trouve *électrisé*.

Que fait-on dans cette action de frottement? Le frottement n'est lui-même qu'une succession de petits mouvements ou chocs ; par la résistance qu'il éprouve sur le corps frotté, il est transformé en chaleur et en une sorte d'é-branlement particulier que ressentent surtout les couches moléculaires superficielles, et dont, à mon sens, on doit tenir grand compte lorsqu'on cherche à interpréter et à expliquer les phénomènes qui nous occupent.

Il est difficile, dans l'état actuel de la science, de préciser l'action de cet ébranlement moléculaire; pour l'instant, nous nous bornerons à dire que ces deux résultantes du frottement, *chaleur* et *ébranlement*, paraissent nécessaires au développement de l'électricité.

D'après ce que nous avons rappelé de la transformation des forces, la production de chaleur dans le cas actuel est incontestable, qu'il s'agisse comme cause électromotrice, de frottement, de pression, d'écrasement, de laminage, de flexion, de vibration, etc. L'on sait d'ailleurs que la chaleur suffit pour électriser certains corps, et dès lors, l'état électrique de ces corps peut être considéré comme ouvrant la série des phénomènes divers que le calorique peut déterminer *selon ses modes d'application*.

Il n'en est plus ¦de même pour l'ébranlement moléculaire qui jusqu'à présent est tout hypothétique. Cependant, s'il est impossible de le saisir lui-même, on peut, dans certains cas encore restreints, en démontrer l'existence par la constatation de *troubles d'état moléculaire* coïncidant avec l'état électrique qui, contrairement à ce que l'on admettait autrefois, paraît intimement lié avec eux.

Deux substances idio-électriques se prêtent surtout à cette démonstration. Ce sont la *Gutta-percha* et le *Collodion* en feuilles.

Je prends une feuille assez mince de gutta-percha de dix centimètres carrés, que je puis considérer comme une simple couche de molécules de cette matière. Je suspends cette feuille par deux de ses angles correspondants que je tiens avec les doigts des deux mains et je l'expose à la chaleur modérée d'un poêle. Elle *attire* bientôt les corps légers, mais, en même temps, quoique ramollie, elle subit une *rétraction* d'ensemble qui atteint le quart au moins de sa surface et qui persiste après refroidissement. De plus, la semi-transparence de la gutta se trouble, cette substance paraît envahie par un nuage blanchâtre uniforme.

Voilà donc une substance que l'influence de la chaleur seule électrise en même temps qu'elle y détermine des modifications moléculaires profondes et bien évidentes.

Je choisis ensuite une seconde feuille pareille à la première. Je la frotte avec une autre feuille de même substance, ou bien je la bats énergiquement avec un balai de plumes douces, après l'avoir placée sur une lame de verre, en face du jour. Elle *attire* alors les corps légers avec plus d'énergie que précédemment ; les parties frottées ou frappées *perdent seules la semi-transparence*, mais il n'y a pas rétraction d'ensemble comme avec la chaleur. On observe seulement que la feuille devient plus *dure* et subit des plissements plus ou moins prononcés.

Dans ce cas, l'agent extérieur qui a déterminé l'état électrique n'a pas influencé aussi profondément la substance, et le trouble moléculaire se révèle seulement par la diminution de semi-transparence, par une certaine dureté de la gutta et par un aspect ridé.

D'après cela, il semble que l'état électrique est plus prononcé, lorsque les couches moléculaires les plus superficielles sont seules influencées, comme cela a lieu par le frottement.

Quoiqu'il en soit, dans ces deux cas particuliers, les deux causes, *chaleur, mouvement,* paraissent identiques puisqu'elles produisent les mêmes effets, se résumant en manifestations électriques d'une part, et d'autre part en troubles moléculaires analogues.

Je prends maintenant une feuille de collodion, corps très mauvais conducteur de la chaleur, qui la réfléchit presque en entier, et sur lequel cet agent ne détermine pas de phénomènes électriques appréciables. Cette feuille que je choisis bien transparente et vierge de tout frottement, est froissée entre les doigts ou battue avec un balai de plumes; immédiatement elle *attire* avec force les corps légers; mais il faut ordinairement une électrisation répétée ou prolongée pour constater que la *transparence* de cette substance est *troublée* par l'apparition de nuages blanchâtres, irréguliers, et que toute la feuille devient plus brillante, *plus dure*, et entre, pour ainsi dire, dans un état de crispation que j'ai comparé à un état érectile.

Ici la chaleur de transformation a peu d'action. C'est surtout l'ébranlement communiqué aux molécules superficielles qu'il faut considérer; les molécules profondes paraissent être moins influencées, et l'état électrique est des plus prononcés. En reconnaissant à l'œil nu les troubles de transparence et l'état de crispation de la substance, il est rationnel d'en déduire que ces phénomènes sont encore dus à des troubles d'état moléculaire; et ces faits bien établis tendent évidemment à prouver que pour certains corps aptes à contracter par eux-mêmes l'état électrique, c'est principalement sur l'état moléculaire que doit être fixée l'attention, si l'on veut interpréter sainement les phénomènes physiques qu'y déterminent certaines causes extérieures que résume le frottement.

D'ailleurs, l'examen microscopique, que permet la translucidité du collodion, fournit un puissant appui à cette
opinion. Nous avons vu, dans la première partie de ce
travail, qu'outre les imperfections et les déchirures dues
à l'action des corps frottants, le microscope fait voir, sur
les feuilles de collodion électrisées, d'autres modifications
matérielles consistant surtout en l'apparition de grains
plus nombreux, plus accentués, de lignes et de sillons
serrés et parallèles. Je reconnais facilement qu'il y a
encore là sujet à contestation, car ces modifications,
une fois produites, ne disparaissent plus et persistent
alors que l'état électrique sensible ne peut plus être constaté.

Mais j'ai décrit un autre phénomène *mobile*, naissant
et disparaissant avec l'état électrique du collodion, qui ne
peut être mis en doute et qui, selon moi, constitue un fait
capital dans l'espèce. Pour bien l'observer il faut choisir
une feuille très mince, formée seulement par l'application
de deux ou trois couches de collodion, la placer sur le
porte-objet en verre, l'électriser plutôt par pression que
par frottement, à l'aide de la pulpe d'un doigt bien propre
et bien sec. Lorsque le microscope sera mis au point, on
constatera l'existence des rayures et grains déjà signalés,
puis, la présence de *colorations spectrales* multiples, sous
forme de bandes plusieurs fois répétées et juxtaposées en
forme de courbes circulaires, ellipsoïdes ou très irrégu-
lières.

Ces zones coloriées, que j'ai vues souvent disparaître
sous le microscope en se fondant ensemble, persistent

ordinairement aussi longtemps que l'état électrique (1).

En présence de ce phénomène nouveau de décomposition de lumière, il est impossible de ne pas admettre des modifications de rapport moléculaire dans la constitution intime des éléments si complexes du collodion soumis à l'électrisation (2).

A ce sujet, je ferai aussi une remarque qui a son importance : c'est que ce sont précisément les corps jouissant du *polymorphisme* et dont l'état moléculaire complexe, facilement modifiable, a pour caractéristique un *certain degré d'instabilité*, qui possèdent la *qualité idio-électrique*.

Je ne reviendrai pas sur le *soufre* qui nous offre le type du polymorphisme et dont j'ai parlé longuement avec intention.

Mais je rappellerai le *verre*, substance électrique usuelle, qui a une constitution moléculaire instable, puisqu'il est susceptible de subir des modifications intimes dues à une répartition différente de la silice entre les bases, et connues sous le nom de *dévitrification*. D'autre part, le verre, sous

1. J'ai vu cet état électrique persister plus de 24 heures. Cette faculté conservatrice est encore commune aux cristaux susceptibles de s'électriser par pression surtout. Comme le collodion, le spath d'Islande la possède au plus haut degré ; il peut rester électrisé plus de dix jours. Il est à croire qu'avec la pression, l'ébranlement moléculaire est plus profond qu'avec le simple frottement.

2. Le verre blanc à surface irrégulière, mamelonnée, comme la surface de certaines fioles communes à pans carrés, soumis à un frottement *énergique* et *soutenu* avec la pulpe du doigt notamment, permet à l'œil de saisir à la hâte *des modifications d'aspect* très fugaces de la surface mamelonnée, électrisée. Certains métaux laminés électrisés par *influence* offrent aussi des modifications de forme et d'aspect. Mais ces phénomènes n'ont pas été assez constants et assez prononcés pour les comparer aux précédents, quant à présent du moins.

la forme de *larmes bataviques*, présente encore un autre
état moléculaire qui peut être lui-même modifié par l'opération du recuit. Cette opération a pour effet de ramener
ces larmes à l'état de verre ordinaire.

Les résines, de leur côté, ont un équilibre moléculaire
très instable à cause des huiles volatiles en voie d'oxydation qui y sont restées incorporées.

On peut en rapprocher le collodion que nous avons
comparé aux résines, et qui, une fois desséché, retient
dans ses mailles des particules d'éther. Mais il faut aussi
tenir compte, pour cette substance, de l'extension forcée
qu'elle éprouve au moment de sa dessiccation, par suite de
son adhérence intime aux corps résistants sur lesquels on
l'a appliquée, extension qui lui impose, pour ainsi dire,
un état moléculaire particulier, différent de celui du collodion desséché en masse, lequel a peu ou point de propriétés électriques.

Comme se rapportant à cette extension forcée, je citerai
le laminage qui, en modifiant déjà l'état moléculaire de
certains corps (gutta-percha), augmente en eux le pouvoir
électrique. La gutta en feuilles est en effet bien plus sensible que la gutta en blocs.

L'étain lui-même, en feuilles laminées, non battues,
acquiert un état moléculaire qui m'a paru, dans certains
cas, permettre quelques faibles tendances électriques, sous
l'influence du frottement avec une brosse de soie. Dans
ces circonstances, on peut aussi y constater l'apparition
de taches opalines et de reflets particuliers.

L'expérience a appris également qu'il suffit de légères

modifications dans l'état moléculaire superficiel de certains corps pour changer la nature et la quantité d'électricité que le frottement peut leur communiquer. Le verre *dépoli* prend l'électricité négative, et il suffit de modifications insaisissables de la surface, pour obtenir ce résultat.

Les faces d'un même cristal prennent aussi des électricités contraires, selon la disposition moléculaire de ces faces (*les Cyanites*).

Sans m'écarter de mon sujet, je crois utile de rappeler ici que la nature des aptitudes électriques des corps, paraît aussi dépendre de l'état moléculaire *actuel* des couches superficielles de ces corps ; on sait en effet que l'état rugueux est très favorable au développement du fluide négatif, et à sa prépondérance sur le fluide positif développé sur le corps frottant le plus lisse ; aussi tel corps positif avec une substance, sera négatif avec une autre.

Il faut tenir compte également des dispositions moléculaires favorables, que certains agents tels que la chaleur, peuvent déjà faire naître. C'est ainsi qu'un disque de liège *chauffé*, comprimé sur un disque de liège froid, s'électrise beaucoup plus que l'autre, et prend le fluide négatif.

Tous ces faits concordent pour battre en brèche la théorie du fluide neutre, latent, préexistant, et nous montrent l'état moléculaire des corps comme jouant un grand rôle dans les manifestations électriques (1).

1. On ne peut s'empêcher d'établir aussi un certain rapprochement entre ces troubles moléculaires superficiels coincidant avec l'état électrique fugace et les actions chimiques qui donnent naissance aux cou-

Mais, en admettant que l'état électrique soit bien l'expression de troubles moléculaires déterminés par des agents extérieurs, comment expliquer les manifestations de même nature qu'on observe sur les corps voisins influencés, et qui n'ont été soumis à l'action d'aucune force nouvelle ?

On est alors amené à se demander si les deux modalités dynamiques que représentent les deux fluides électriques, ne sont pas identiques aux forces actives ou moléculaires de la matière.

Nous avons vu que certains physiciens admettent encore avec Laplace que ces forces ne sont que du calorique transformé par la matière.

Chaque corps, à l'état stable, a un équilibre moléculaire propre, auquel doit correspondre un rapport déterminé entre les forces actives. Si cet équilibre est troublé d'une certaine façon et par certains agents, on peut admettre alors que les forces actives elles-mêmes qui le règlementent, soient également troublées dans leur rapport et qu'elles soient, en partie, l'une ou l'autre, écartées de leur sphère d'action par la force nouvelle transformée, qui est venue, pour ainsi dire, se substituer à elles, en créant un nouvel état moléculaire momentané. Il y aurait alors, si je puis m'exprimer ainsi, comme une surcharge de force active.

Cette force, pour l'instant en suspens, ne pouvant rester à l'état libre, disparaîtrait par le rétablissement progressif de l'état moléculaire des corps électrisés, ou bien agirait

rants électriques continus en produisant des désagrégations moléculaires profondes et de nouvelles combinaisons.

à son tour sur les forces actives des corps voisins, dont elle déplacerait aussi une partie, pour attirer vers elle la force de nom contraire, avec laquelle elle chercherait à se com-biner pour reconstituer la cause première ou calorique, sous forme de lueur ou d'étincelle.

De son côté, la matière reconstituerait instantanément, aux dépens du calorique ambiant, la force active déplacée et soustraite. On comprendrait ainsi qu'une atmosphère chaude et qu'une grande conductibilité des corps pour la chaleur, favorisassent la production de nouvelles doses d'électricité, en permettant aux substances soumises à une électrisation continue, de reprendre très rapidement leur état moléculaire propre, pour pouvoir être influencée de nouveau par l'agent électro-moteur.

La différence de conductibilité des corps pour le calo-rique, expliquerait aussi, jusqu'à un certain point, pour-quoi certaines substances électrisées, exigent plus ou moins de temps pour retrouver leur état moléculaire pri-mitif, et conservent ainsi leur état électrique plus ou moins longtemps.

Mais, si simple et si séduisante que puisse paraître cette manière de voir, je ne veux pas m'y arrêter plus longtemps, car l'esprit se laisse trop facilement entraîner et égarer, lorsqu'il s'agit d'un domaine hypothétique aussi vaste que celui que représentent les forces en général, et les activités de la matière en particulier.

En attendant que d'autres faits viennent confirmer ceux que j'ai observés, je crois pouvoir résumer de la manière suivante cette seconde partie de mon mémoire :

Lorsqu'on électrise certains corps par action directe, on les soumet à une force nouvelle que peut résumer l'action du frottément et qui, une fois transformée, a pour effet d'occasionner, par l'ébranlement qu'elle détermine, des troubles particuliers dans les vibratious et dans l'état moléculaire des couches superficielles de ces corps.

Les manifestations électriques qui coïncident avec ces nouvelles oscillations moléculaires paraissent en être l'expression.

C'est très probablement dans des troubles semblables d'équilibre intra-moléculaire qu'il faut aussi chercher, pour les autres corps, la cause première des phénomènes électriques.

FIN

TABLE DES MATIÉRES

Imprimerie D. Bardin, à Saint-Germain.

DU MÊME AUTEUR

**Des propriétés électriques de la Cellulose
à propos des qualités esthésiogènes de certains bois**
(Xylothérapie)

In. *Bulletin de Thérapeutique* (1880).

IMPRIMERIE D. BARDIN, A SAINT-GERMAIN.